AF235027

Imprccoum
Verlag: BABADADA GmbH, Nedderfeld 112 , 22529 Hamburg
Geschäftsführer / Verlagsleitung: Harald Hof
Druck: Books on Demand GmbH, In de Tarpen 42, 22848 Norderstedt

Imprint
Publisher: BABADADA GmbH, Nedderfeld 112 , 22529 Hamburg, Germany
Managing Director / Publishing direction: Harald Hof
Print: Books on Demand GmbH, In de Tarpen 42, 22848 Norderstedt

學校

xue xiao

除
chu

186/2

黑板
hei ban

教室
jiao shi

校園
xiao yuan

老師
lao shi

紙
zhi

書寫
shu xie

筆
gang bi

辦公桌
ban gong zhuo

直尺
zhi chi

書
shu

學生
xue sheng

書包

shu bao

鉛筆盒

qian bi he

鉛筆

qian bi

削鉛筆機

juan bi dao

橡皮擦

xiang pi ca

畫板

hua ban

圖畫
tu hua

畫筆
hua bi

顏料盒
yan liao he

剪刀
jian dao

膠水
jiao shui

練習冊
lian xi ce

家庭作業
jia ting zuo ye

數字
shu zi

加
jia

減
jian

乘
cheng

計算
ji suan

字母
zi mu

字母表
zi mu biao

字
zi

課文
ke wen

讀
du

粉筆
fen bi

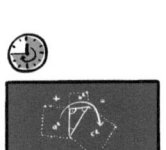

上課
shang ke

登記
deng ji

考試
kao shi

證書
zheng shu

校服
xiao fu

教育
jiao yu

百科全書
bai ke quan shu

大學
da xue

顯微鏡
xian wei jing

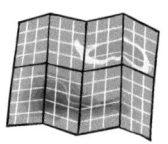

地圖
di tu

廢紙簍
fei zhi kuang

旅行

lü xing

飯店
jiu dian
Grand
青年旅社
qing nian lü xing she
外幣兌換處
wai bi dui huan chu
手提箱
shou ti xiang
汽車
qi che

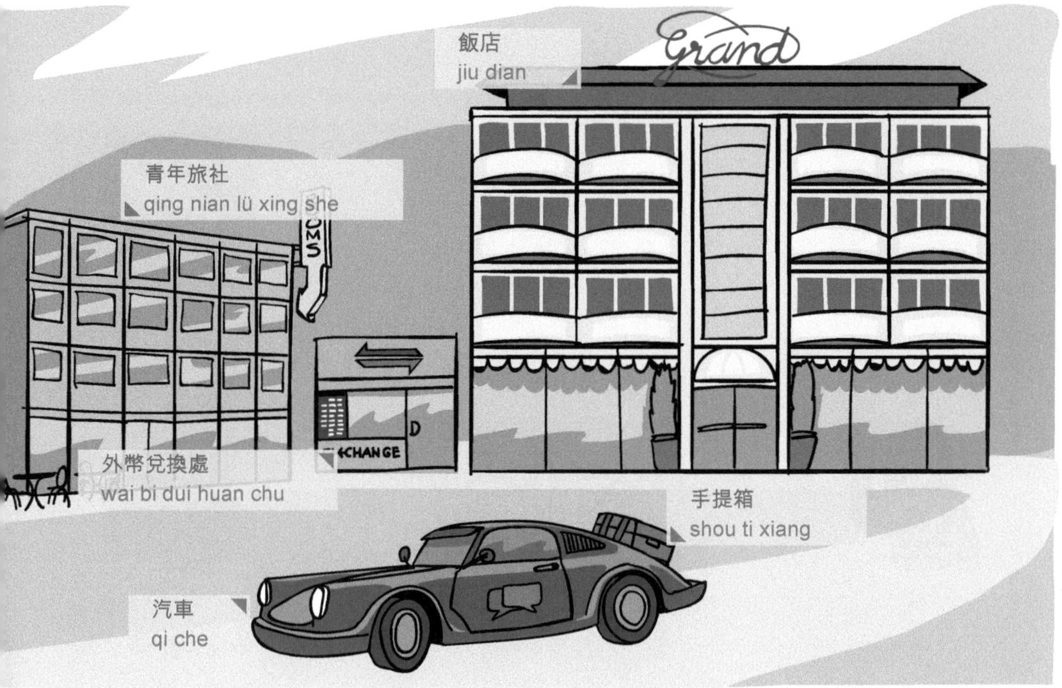

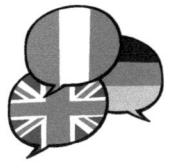

語言

yu yan

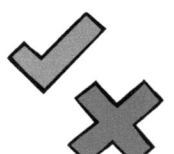

是/否

shi/fou

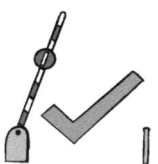

好的

hao de

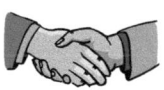

您好

nin hao

翻譯人員

fan yi yuan

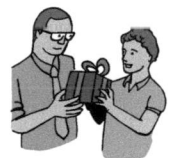

謝謝

xie xie

......多少錢？

......duo shao qian?

我不明白

wo bu ming bai

問題

wen ti

晚上好！

wan shang hao!

早上好！

zao shang hao!

晚安！

wan an!

再見

zai jian

方向

fang xiang

行李

xing li

包

bao

背包

shuang jian bao

客人

ke ren

房間

fang jian

睡袋

shui dai

帳篷

zhang peng

旅行資訊

lü you xin xi

海灘

hai tan

信用卡

xin yong ka

早餐

zao can

午餐

wu can

晚餐

wan can

票

piao

電梯

dian ti

郵票

you piao

邊界

bian jie

海關

hai guan

大使館

da shi guan

簽證

qian zheng

護照

hu zhao

交通運送

jiao tong yun shu

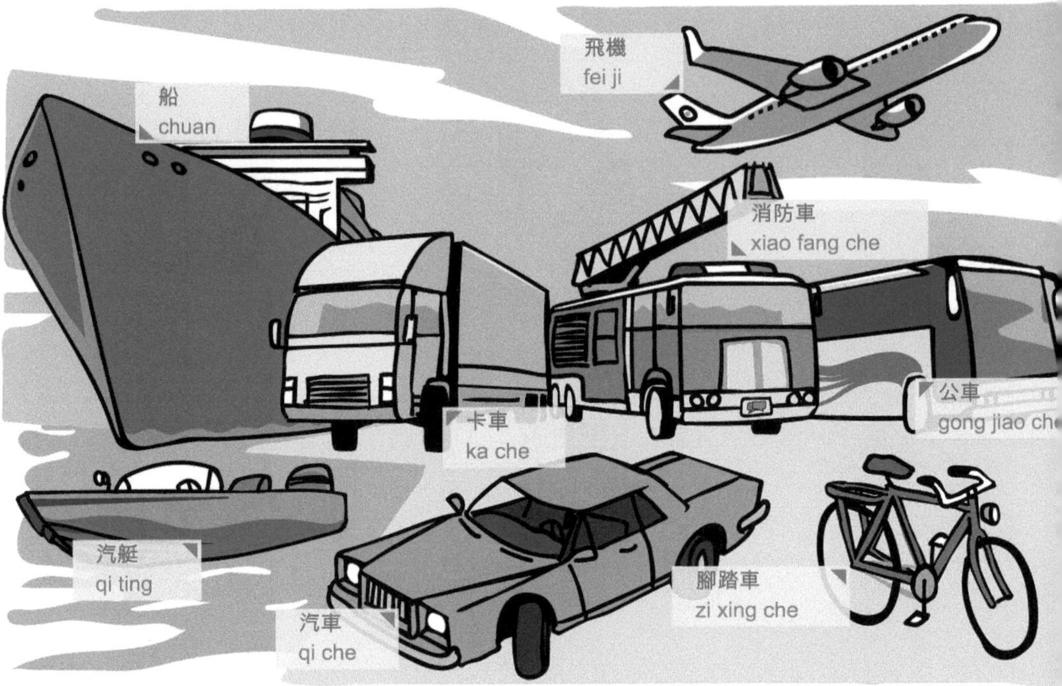
飛機
fei ji
船
chuan
消防車
xiao fang che
公車
gong jiao ch
卡車
ka che
汽艇
qi ting
腳踏車
zi xing che
汽車
qi che

渡輪

bai du chuan

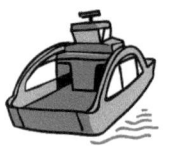

小船

xiao chuan

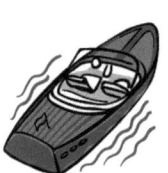

機車

mo tuo che

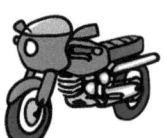

警車

jing che

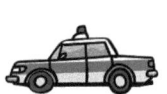

賽車

sai che

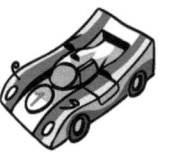

租車

zu che

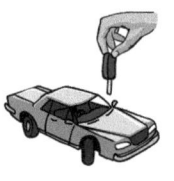

拼車

pin che

拖車

tuo che

垃圾車

la ji che

馬達

fa dong ji

汽油

qi you

加油站

jia you zhan

交通標識

jiao tong biao zhi

交通

jiao tong

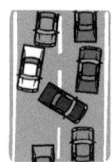

交通堵塞

jiao tong du sai

停車場

ting che chang

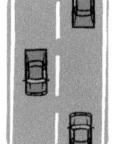

火車站

huo che zhan

軌道

gui dao

火車

huo che

路面電車

dian che

客車廂

huo che

直升機

zhi sheng ji

機場

ji chang

塔

ta

乘客

cheng ke

集裝箱

ji zhuang xiang

紙板箱

zhi ban xiang

手推車

shou tui che

籃子

lan zi

起飛/降落

qi fei/jiang luo

城市

cheng shi

村莊

cun zhuang

市中心

shi zhong xin

房子

fang zi

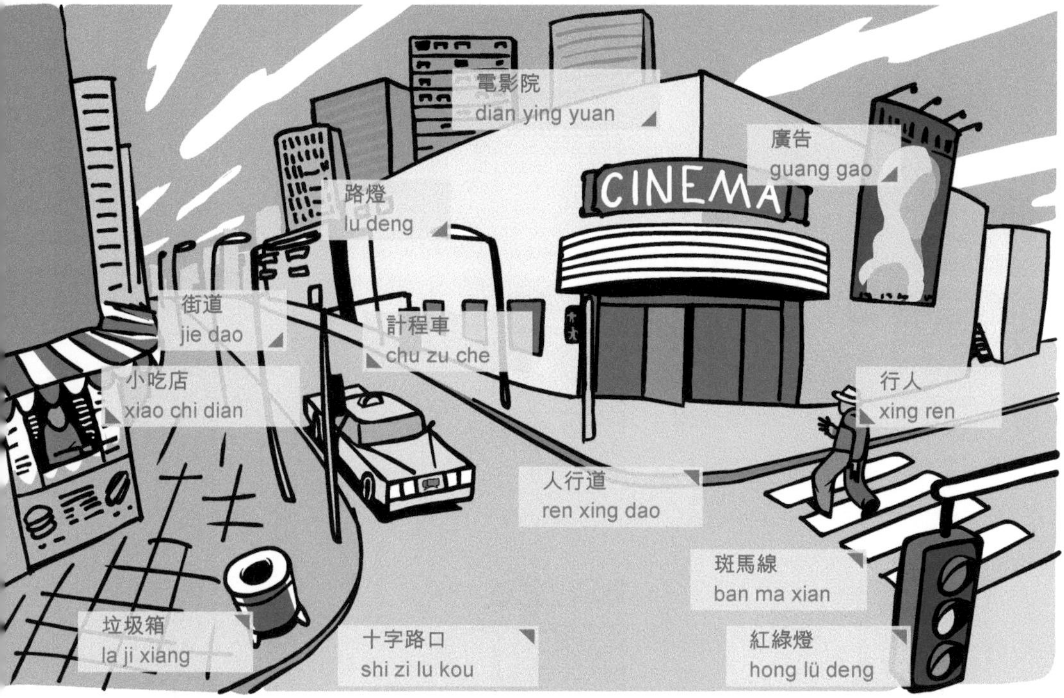
電影院
dian ying yuan
CINEMA
廣告
guang gao
路燈
lu deng
街道
jie dao
計程車
chu zu che
小吃店
xiao chi dian
行人
xing ren
人行道
ren xing dao
斑馬線
ban ma xian
垃圾箱
la ji xiang
十字路口
shi zi lu kou
紅綠燈
hong lü deng

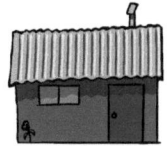

小屋

xiao wu

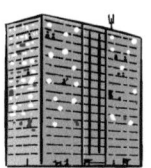

公寓

gong yu

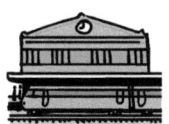

火車站

huo che zhan

市政廳

shi zheng ting

MUSEUM

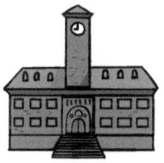

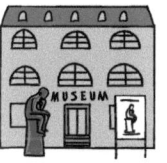

博物館

bo wu guan

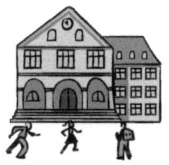

學校

xue xiao

大學

da xue

銀行

yin hang

醫院

yi yuan

飯店

jiu dian

藥房

yao fang

辦公室

ban gong shi

書店

shu dian

商店

shang dian

花店

hua dian

超市

chao shi

市場

shi chang

百貨商店

bai huo shang dian

魚店

yu dian

購物中心

gou wu zhong xin

海港

hai gang

城市 - cheng shi

公園
gong yuan

長凳
chang deng

橋
qiao

樓梯
lou ti

捷運
di tie

隧道
sui dao

公車站
gong jiao che zhan

酒吧
jiu ba

餐館
can guan

郵筒
you tong

路標
lu biao

停車計時器
ting che ji shi qi

動物園
dong wu yuan

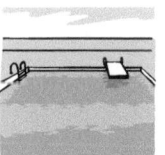

游泳池
you yong guan

清真寺
qing zhen si

城市 - cheng shi

農場

nong chang

污染

wu ran

墓地

mu di

教堂

jiao tang

操場

cao chang

寺廟

si miao

地形
di xing

樹葉
shu ye

指示牌
zhi shi pai

路
lu

草地
cao di

石頭
shi tou

徒步旅行者
tu bu lü xing zhe

樹
shu

河
he

草
cao

花
hua

峽谷

xia gu

丘陵

shan

湖

hu

森林

sen lin

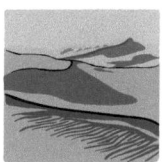

沙漠

sha mo

火山

huo shan

城堡

cheng bao

彩虹

cai hong

蘑菇

mo gu

棕櫚樹

zong lü shu

蚊子

wen zi

蒼蠅

cang ying

螞蟻

ma yi

蜜蜂

mi feng

蜘蛛

zhi zhu

甲蟲

jia chong

青蛙

qing wa

松鼠

song shu

刺蝟

ci wei

野兔

ye tu

貓頭鷹

mao tou ying

鳥

niao

天鵝

tian e

野豬

ye zhu

鹿

lu

麋鹿

mi lu

水壩

shui ba

風力發電機

feng li fa dian ji

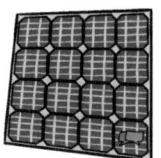

太陽能電池板

tai yang neng dian chi ban

氣候

qi hou

服務生
fu wu yuan

菜譜
cai dan

椅子
yi zi

湯
tang

披薩餅
pi sa bing

餐具
can ju

桌布
zhuo bu

前菜

qian cai

主菜

zhu cai

甜點

tian dian

飲料

yin liao

食物

shi wu

瓶子

ping zi

速食
kuai can

街邊小吃
jie bian xiao chi

茶壺
cha hu

糖盒
tang he

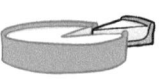

一份飯菜
yi fen fan cai

義式咖啡機
yi shi ka fei ji

高腳椅
gao jiao yi

帳單
zhang dan

托盤
tuo pan

刀
dao

餐叉
can cha

勺子
shao zi

茶匙
cha chi

餐巾
can jin

玻璃杯
bo li bei

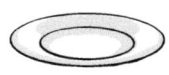

碟子

die zi

湯盤

tang pan

碟子

die zi

醬

jiang

鹽瓶

yan ping

胡椒研磨罐

hu jiao mo

醋

cu

食用油

shi yong you

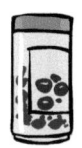 

調味料

tiao wei liao

番茄醬

fan qie jiang

芥末

jie mo

美乃滋

dan huang jiang

超市

chao shi

特價
te jia
顧客
gu ke
FOR
乳製品
ru zhi pin
水果
shui guo
購物車
gou wu che

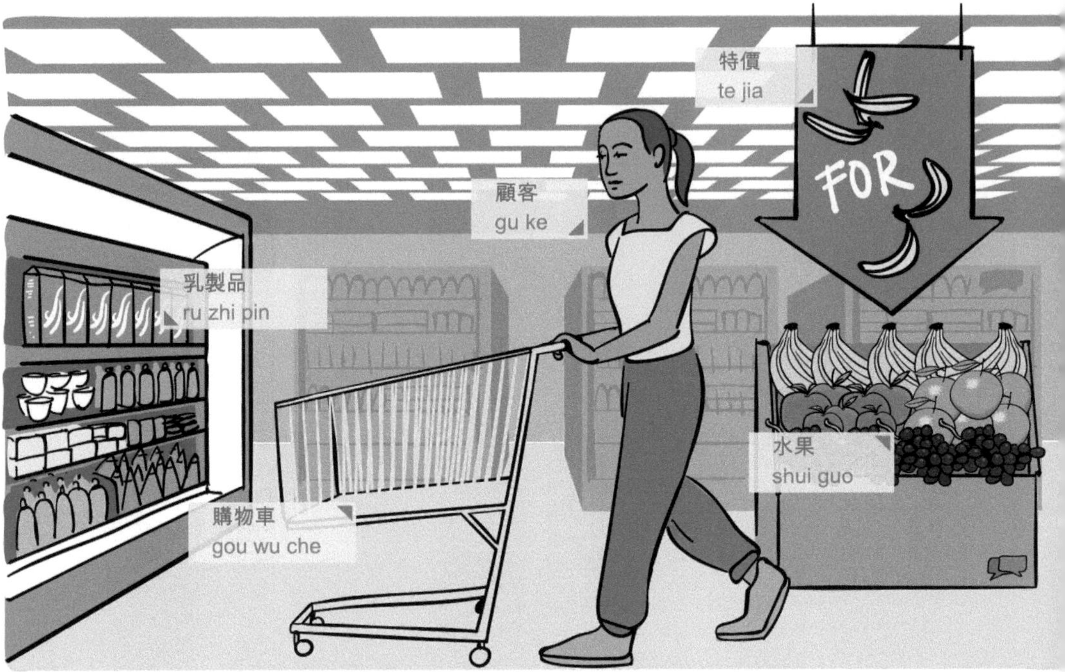

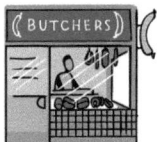

BUTCHERS

肉鋪

rou pu

BAKERY

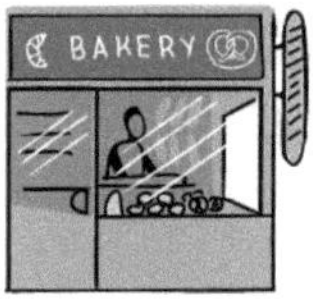

麵包店

mian bao fang

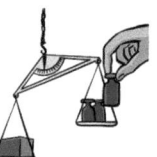

稱重

cheng zhong

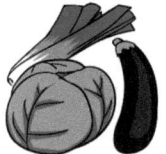

蔬菜

shu cai

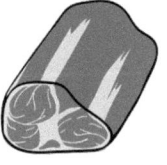

肉

rou

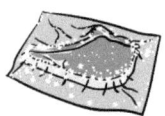

冷凍食品

leng dong shi pin

冷盤
leng pan

罐頭食品
guan tou shi pin

洗衣粉
xi yi fen

甜食
tian shi

日用品
ri yong pin

清潔用品
qing jie yong pin

銷售員
xiao shou yuan

收銀機
shou yin ji

收銀員
shou yin yuan

購物清單
gou wu qing dan

開放時間
kai fang shi jian

錢包
qian bao

信用卡
xin yong ka

袋子
dai zi

塑膠袋
su liao dai

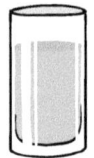

水

shui

果汁

guo zhi

牛奶

niu nai

可樂

ke le

紅酒

hong jiu

啤酒

pi jiu

酒

jiu

可可

ke ke

茶

cha

咖啡

ka fei

義式濃縮咖啡

yi shi nong suo ka fei

卡布奇諾

ka bu qi nuo

香蕉

xiang jiao

蘋果

ping guo

柳丁

cheng zi

西瓜

xi gua

檸檬

ning meng

胡蘿蔔

hu luo bo

大蒜

da suan

竹子

zhu zi

洋蔥

yang cong

蘑菇

mo gu

堅果

jian guo

麵條

mian tiao

義大利麵

yi da li mian tiao

米飯

mi fan

沙拉

sha la

薯條

shu tiao

炸馬鈴薯

zha tu dou

披薩餅

pi sa bing

漢堡

han bao bao

三明治

san ming zhi

炸豬排

zha zhu pai

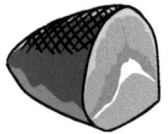

火腿

huo tui

義大利臘腸

sa la mi

香腸

xiang chang

雞肉

ji rou

烤肉

kao rou

魚

yu

燕麥片

yan mai pian

木斯里

mu zi li

玉米片

yu mi pian

麵粉

mian fen

牛角麵包

yang jiao mian bao

麵包捲

mian bao juan

麵包

mian bao

吐司

kao mian bao

餅乾

bing gan

奶油

huang you

凝乳

ning ru

蛋糕

dan gao

蛋

dan

煎蛋

jian dan

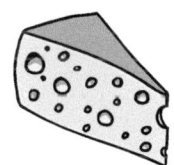

起司

nai lao

冰淇淋

bing ji lin

糖

tang

蜂蜜

feng mi

果醬

guo jiang

巧克力醬

qiao ke li jiang

咖哩

ga li fan

農場

nong chang

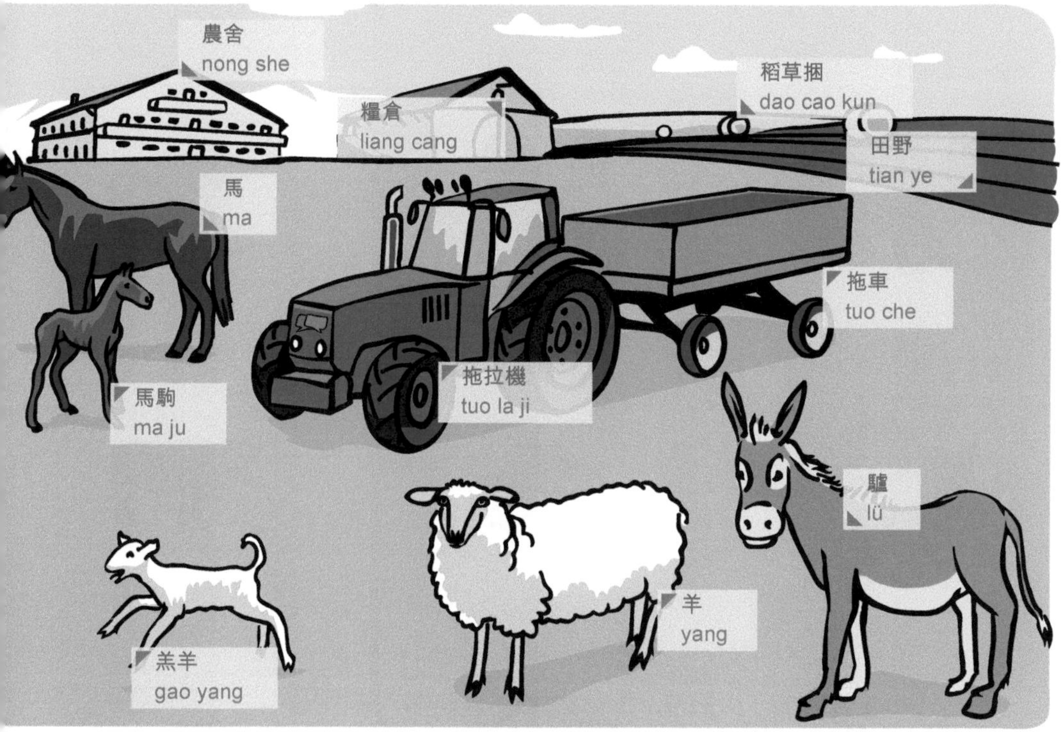

農舍
nong she
糧倉
liang cang
稻草捆
dao cao kun
田野
tian ye
馬
ma
拖車
tuo che
拖拉機
tuo la ji
馬駒
ma ju
驢
lü
羊
yang
羔羊
gao yang

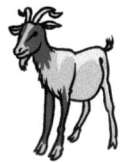

山羊

shan yang

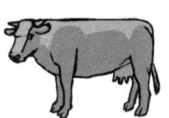

奶牛

nai niu

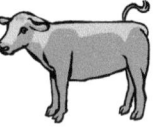

小牛

niu du

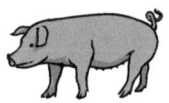

豬

zhu

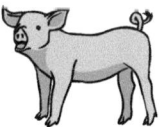

小豬

xiao zhu

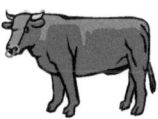

公牛

gong niu

鵝

e

鴨

ya

小雞

xiao ji

母雞

mu ji

公雞

gong ji

鼠

shu

貓

mao

老鼠

lao shu

牛

niu

狗

gou

狗屋

gou wu

花園澆水軟管

hua yuan jiao shui ruan guan

澆水壺

sa shui hu

長柄大鐮刀

chang bing da lian dao

犁

li

鐮刀

lian dao

鋤頭

chu tou

長柄草耙

chang bing cao pa

斧頭

fu tou

獨輪手推車

du lun shou tui che

飼料槽

si liao cao

牛奶罐

niu nai guan

麻布袋

ma bu dai

柵欄

zha lan

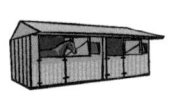

馬廄

ma jiu

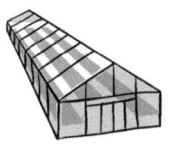

溫室

wen shi

土壤

tu rang

種子

zhong zi

肥料

fei liao

聯合收割機

lian he shou ge ji

收割
shou ge

收割
shou ge

地瓜
shan yao

小麥
xiao mai

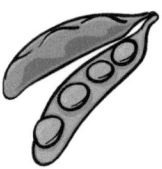

大豆
da dou

土豆
tu dou

玉米
yu mi

油菜籽
you cai zi

果樹
guo shu

樹薯
shu shu

穀物
gu wu

房子
fang zi

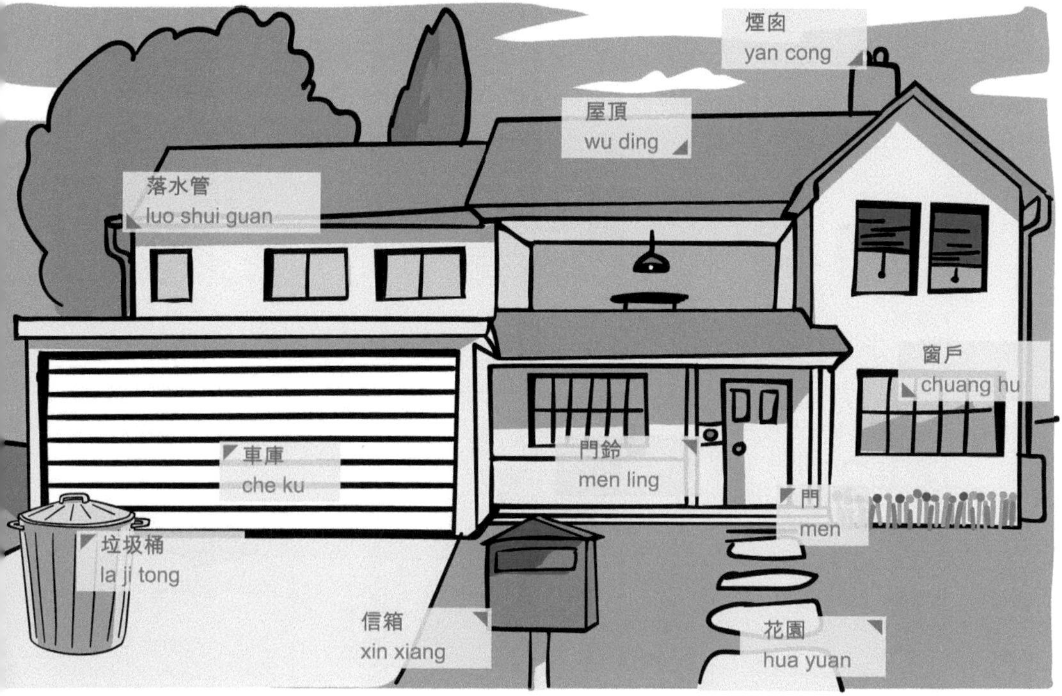
煙囪
yan cong
屋頂
wu ding
落水管
luo shui guan
窗戶
chuang hu
車庫
che ku
門鈴
men ling
門
men
垃圾桶
la ji tong
信箱
xin xiang
花園
hua yuan

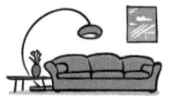

客廳

ke ting

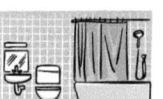

浴室

yu shi

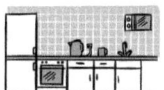

廚房

chu fang

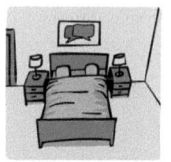

臥室

wo shi

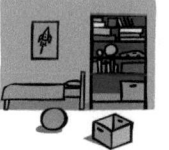

兒童房

er tong fang

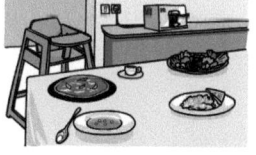

餐廳

can ting

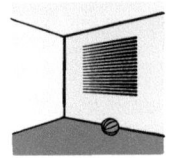

地板

di ban

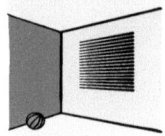

牆壁

qiang bi

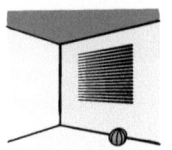

天花板

diao ding

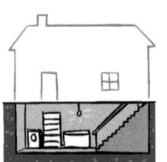

地窖

di jiao

三溫暖

sang na

陽臺

yang tai

露臺

lu tai

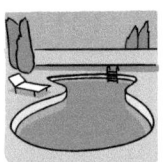

游泳池

you yong chi

割草機

ge cao ji

被單

bei dan

床罩

chuang zhao

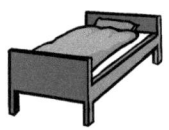

床

chuang

掃帚

sao zhou

水桶

shui tong

開關

kai guan

客廳

ke ting

壁紙
bi zhi
相片
zhao pian
檯燈
tai deng
擱架
ge jia
櫥櫃
chu gui
電視
dian shi ji
壁爐
bi lu
花
hua
墊子
dian zi
沙發
sha fa
花瓶
hua ping
遙控器
yao kong qi

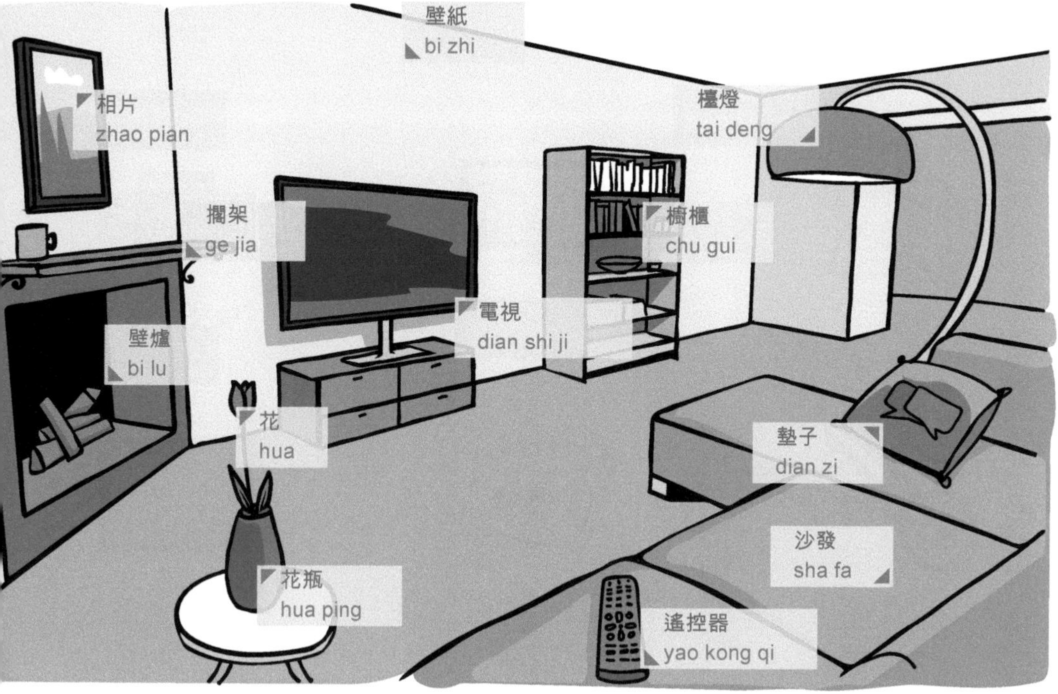

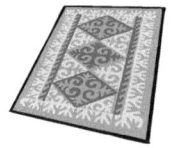

地毯
di tan

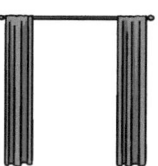

窗簾
chuang lian

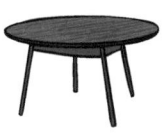

餐桌
can zhuo

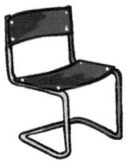

椅子
yi zi

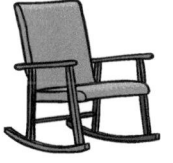

搖椅
yao yi

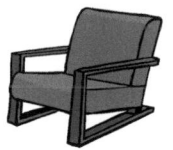

扶手椅
fu shou yi

書
shu

毯子
tan zi

裝飾品
zhuang shi pin

木柴
mu chai

電影
dian ying

高傳真音響
gao bao zhen yin xiang

鑰匙
yao shi

報紙
bao zhi

油畫
you hua

海報
hai bao

收音機
shou yin ji

筆記本
bi ji ben

吸塵器
xi chen qi

仙人掌
xian ren zhang

蠟燭
la zhu

廚房
chu fang

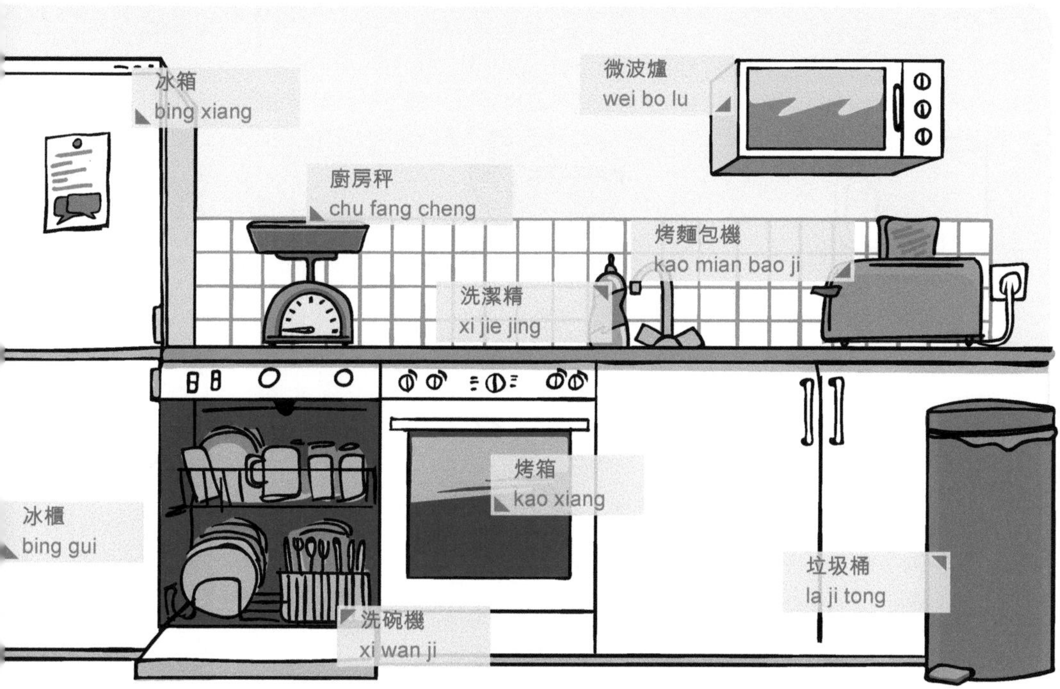

冰箱
bing xiang
微波爐
wei bo lu
廚房秤
chu fang cheng
烤麵包機
kao mian bao ji
洗潔精
xi jie jing
烤箱
kao xiang
冰櫃
bing gui
垃圾桶
la ji tong
洗碗機
xi wan ji

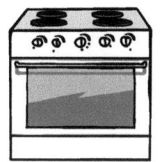

炊具

chui ju

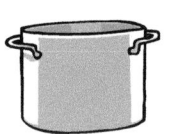

鍋

guo

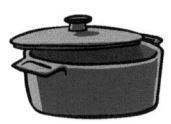

鑄鐵鍋

zhu tie guo

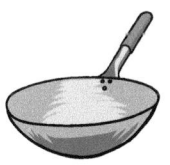

炒鍋

sha guo

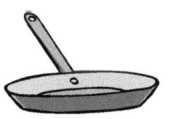

平底鍋

ping di guo

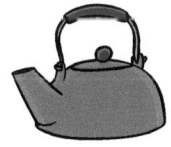

水壺

shui hu

蒸鍋

zheng guo

烤盤

kao pan

陶瓷鍋

tao ci guo

馬克杯

ma ke bei

碗

wan

筷子

kuai zi

長柄勺

chang bing shao

鏟子

chan zi

攪拌器

jiao ban qi

濾網

lü wang

篩子

shai zi

磨碎機

mo sui ji

研缽

yan bo

燒烤

shao kao

明火

ming huo

菜板
cai ban

擀麵杖
gan mian zhang

開瓶器
kai ping qi

罐子
guan zi

開罐器
kai ping qi

隔熱手套
ge re shou tao

水槽
shui cao

刷子
shua zi

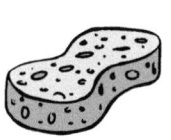

海綿
hai mian

攪拌機
jiao ban ji

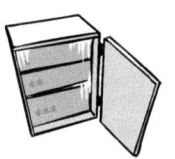

冷藏箱
leng cang xiang

奶瓶
nai ping

水龍頭
shui long tou

浴室

yu shi

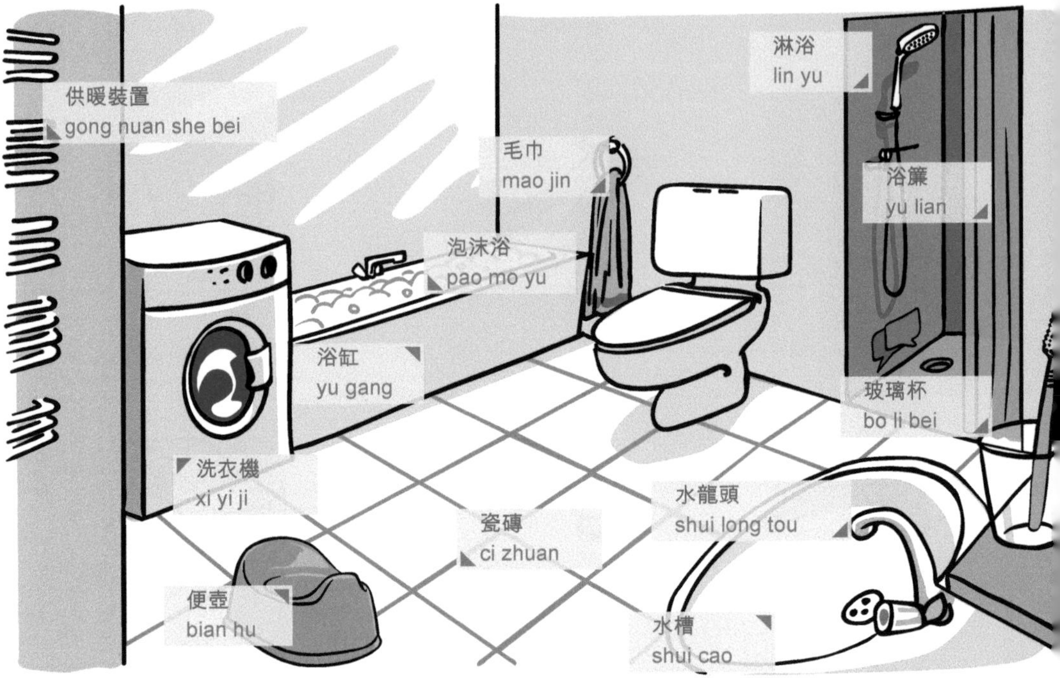

淋浴
lin yu
供暖裝置
gong nuan she bei
毛巾
mao jin
浴簾
yu lian
泡沫浴
pao mo yu
浴缸
yu gang
玻璃杯
bo li bei
洗衣機
xi yi ji
水龍頭
shui long tou
瓷磚
ci zhuan
便壺
bian hu
水槽
shui cao

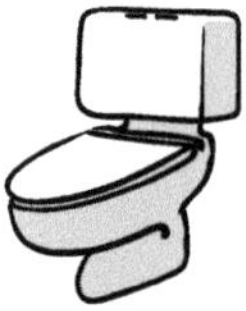

廁所

ce suo

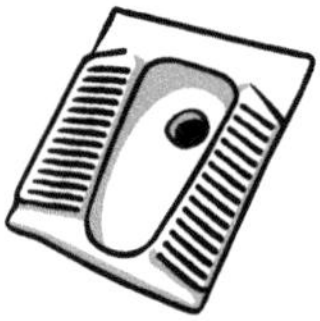

蹲便器

dun bian qi

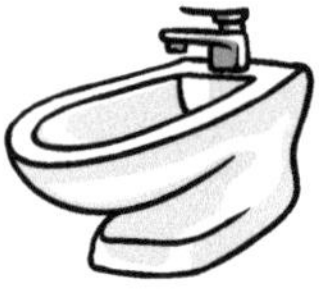

坐浴器

zuo yu qi

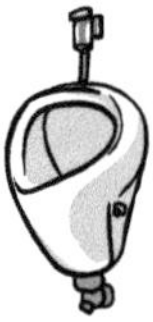

小便斗

xiao bian chi

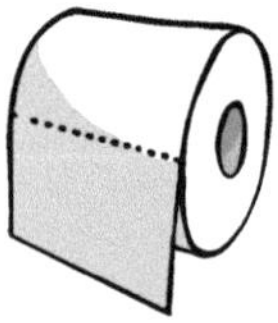

廁紙

ce zhi

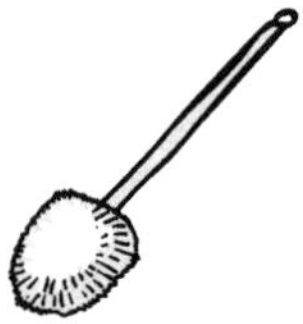

馬桶刷

ma tong shua

牙刷
ya shua

牙膏
ya gao

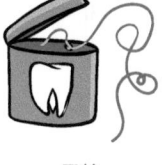

牙線
ya xian

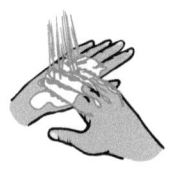

洗
xi

手持式蓮蓬頭
shou chi shi pen lin tou

沖洗器
chong xi qi

洗臉盆
xi lian pen

洗背刷
ca bei shua

肥皂
fei zao

沐浴露
mu yu lu

洗髮乳
xi fa shui

法蘭絨
fa lan rong

排水
pai shui

乳霜
ru shuang

除臭劑
chu chou ji

鏡子

jing zi

手鏡

shou jing

刮鬍刀

ti xu dao

刮鬍泡沫

ti xu pao mo

鬚後水

xu hou shui

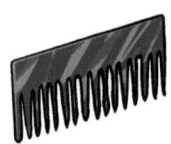

梳子

shu zi

刷子

shua zi

吹風機

chui feng ji

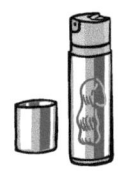

噴髮定型劑

pen fa ding xing ji

化妝品

hua zhuang pin

唇膏

chun gao

指甲油

zhi jia you

化妝棉

hua zhuang mian

指甲剪

zhi jia jian

香水

xiang shui

洗漱包

xi shu bao

凳子

deng zi

計重秤

ji zhong cheng

浴袍

yu pao

橡膠手套

xiang jiao shou tao

衛生棉條

wei sheng mian tiao

衛生棉

wei sheng jin

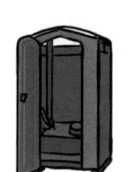

化學廁所

hua xue ce suo

兒童房
er tong fang

鬧鐘
nao zhong
毛絨玩具
mao rong wan ju
玩具車
wan ju che
撥浪鼓
bo lang gu
玩具屋
wan ju wu
禮物
li wu

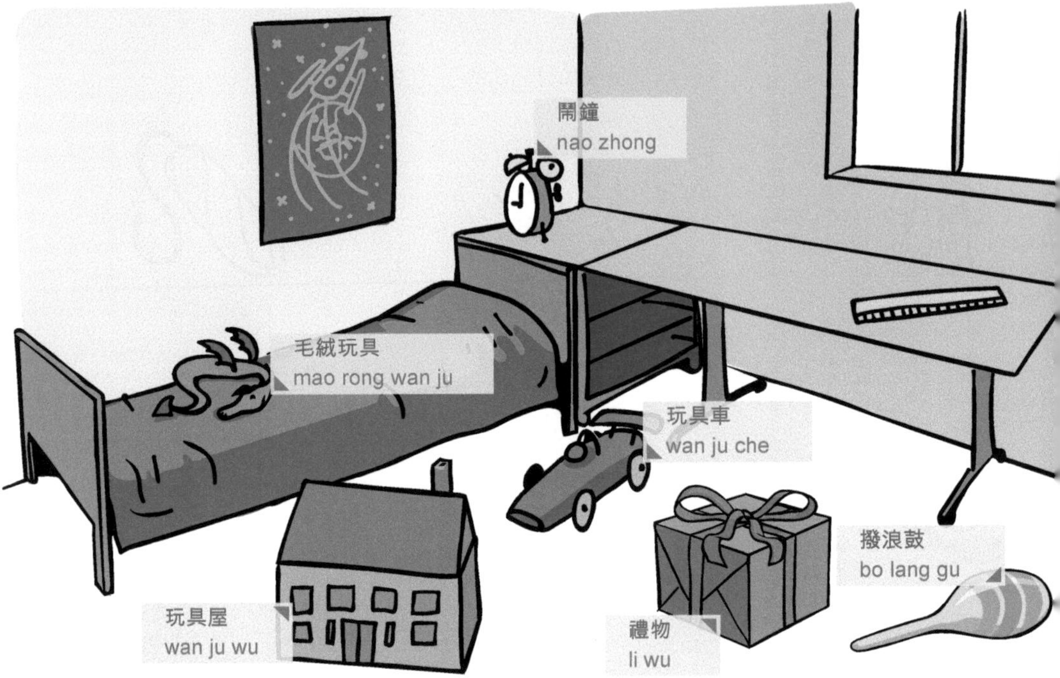

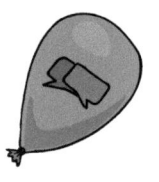

氣球

qi qiu

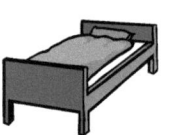

床

chuang

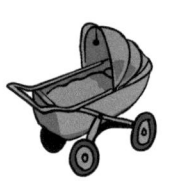

嬰兒車

(yang wa wa yong)ying er che

撲克牌

pu ke pai

拼圖

pin tu

SUPER
MEGA

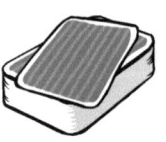

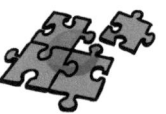

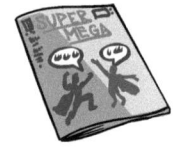

漫畫

man hua

樂高積木

le gao ji mu

積木玩具

ji mu wan ju

公仔

wan ju ren

嬰兒服

ying er fu

飛盤

fei pan

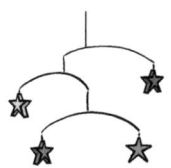

床鈴玩具

chuang ling wan ju

棋盤遊戲

qi pan you xi

骰子

shai zi

火車模型

huo che mo xing

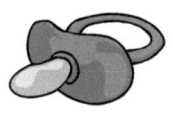

安撫奶嘴

an fu nai zui

派對

ju hui

繪本

hui ben

球

qiu

洋娃娃

yang wa wa

玩

wan

沙坑

sha keng

鞦韆

qiu qian

玩具

wan ju

電玩遊戲

you xi ji

三輪車

san lun che

泰迪熊

tai di xiong

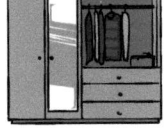

衣櫃

yi chu

衣服

yi fu

襪子

wa zi

長襪

chang wa

緊身褲

jin shen ku

圍巾
wei jin

皮帶
pi dai

雨傘
yu san

T恤
T xu

靴子
xue zi

運動鞋
yun dong xie

拖鞋
tuo xie

涼鞋
liang xie

鞋
xie

雨靴
yu xue

內褲
nei ku

胸罩
xiong zhao

背心
bei xin

身體
shen ti

褲子
ku zi

牛仔褲
niu zai ku

短裙
duan qun

女式襯衫
nü shi chen shan

襯衫
chen shan

套頭衫
tao tou shan

連帽上衣
wei yi

西裝夾克
xi zhuang jia ke

夾克
jia ke

外套
wai tao

雨衣
yu yi

套裝
tao zhuang

連衣裙
lian yi qun

婚紗
hun sha

西裝

xi zhuang

睡袍

shui pao

睡衣

shui yi

莎麗

sha li

頭巾

tou jin

包頭巾

bao tou jin

波卡

bo ka

卡夫坦

ka fu tan

(阿拉伯式)長袍

(a la bo shi)chang pao

泳衣

yong yi

男式泳褲

nan shi yong ku

短褲

duan ku

運動服

yun dong fu

圍裙

wei qun

手套

shou tao

鈕扣

niu kou

眼鏡

yan jing

手鏈

shou lian

項鍊

xiang lian

戒指

jie zhi

耳環

er huan

便帽

bian mao

衣架

yi jia

帽子

mao zi

領帶

ling dai

拉鍊

la lian

安全帽

tou kui

背帶

bei dai

校服

xiao fu

制服

zhi fu

圍兜

wei dou

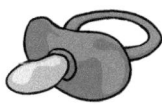

安撫奶嘴

an fu nai zui

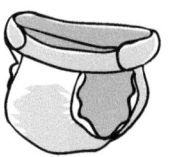

尿布

niao bu shi

辦公室
ban gong shi

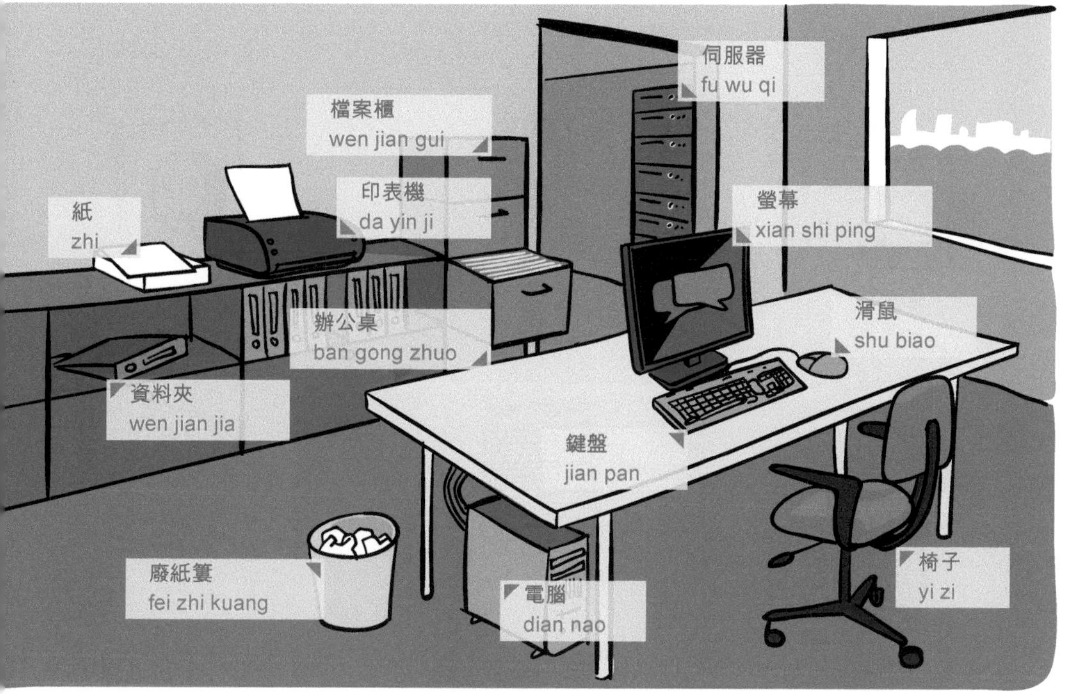

伺服器
fu wu qi

檔案櫃
wen jian gui

印表機
da yin ji

紙
zhi

螢幕
xian shi ping

辦公桌
ban gong zhuo

滑鼠
shu biao

資料夾
wen jian jia

鍵盤
jian pan

廢紙簍
fei zhi kuang

椅子
yi zi

電腦
dian nao

咖啡杯

ka fei bei

計算機

ji suan qi

網際網路

yin te wang

筆記型電腦

bi ji ben dian nao

信件

xin jian

簡訊

xiao xi

行動電話

shou ji

網路

wang luo

影印機

fu yin ji

軟體

ruan jian

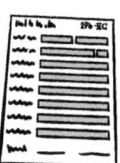

電話

dian hua

插座

cha zuo

傳真機

chuan zhen ji

表格

biao ge

檔案

wen jian

買

mai

付錢

fu qian

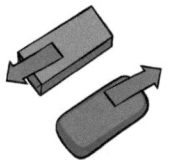

交易

jiao yi

現金

xian jin

美元

mei yuan

歐元

ou yuan

日元

ri yuan

盧布

lu bu

瑞士法郎

rui shi fa lang

人民幣

ren min bi

盧比

lu bi

提款處

ti kuan chu

外幣兌換處

wai bi dui huan chu

金

jin

銀

yin

石油

shi you

能源

neng yuan

價格

jia ge

合約

he tong

稅金

shui jin

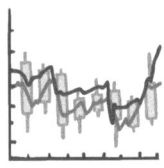

股票

gu piao

工作

gong zuo

職員

zhi yuan

老闆

lao ban

工廠

gong chang

商店

shang dian

職業

zhi ye

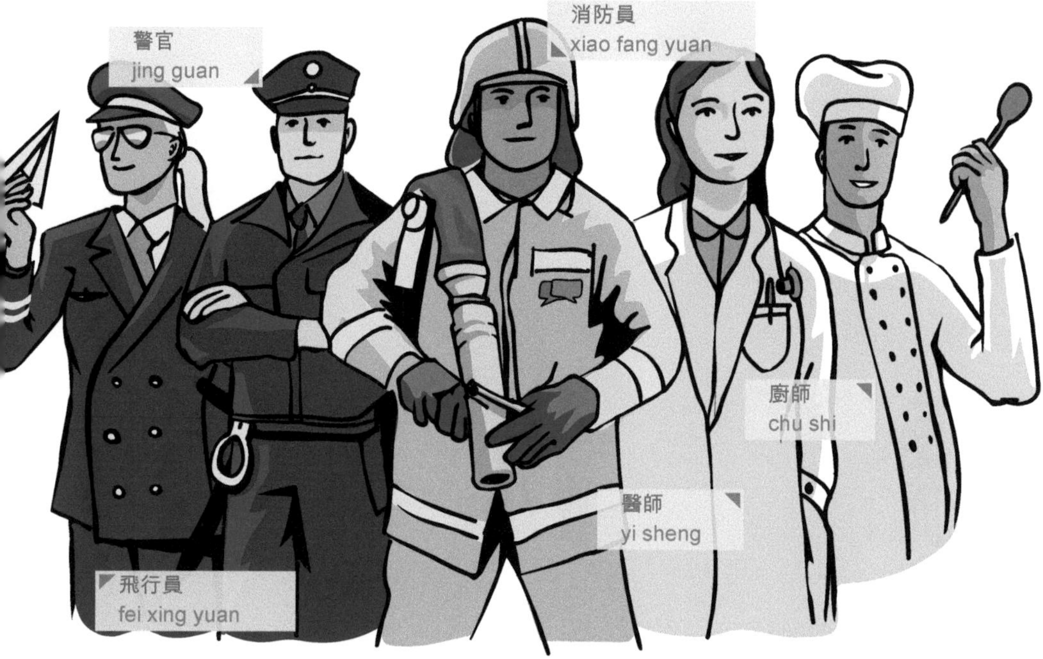
警官
jing guan
消防員
xiao fang yuan
廚師
chu shi
醫師
yi sheng
飛行員
fei xing yuan

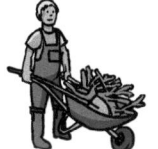

園丁

yuan ding

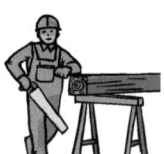

木匠

mu jiang

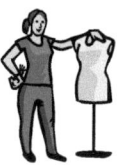

裁縫

cai feng

法官

fa guan

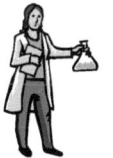

化學家

hua xue jia

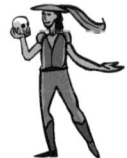

演員

yan yuan

公車司機

gong jiao che si ji

計程車司機

chu zu che si ji

漁夫

yu fu

清洗女工

qing jie nü gong

屋頂工

wu ding gong

服務生

fu wu yuan

獵人

lie ren

畫家

hua jia

麵包師

mian bao shi

電工

dian gong

建築工人

jian zhu gong ren

工程師

gong cheng shi

屠夫

tu fu

水管工

shui guan gong

郵差

you di yuan

職業 - zhi ye

士兵

shi bing

建築師

jian zhu shi

收銀員

shou yin yuan

花農

hua nong

理髮師

li fa shi

售票員

shou piao yuan

機械技師

ji xie shi

船長

chuan zhang

牙醫

ya yi

科學家

ke xue jia

拉比

la bi

伊瑪目

yi ma mu

和尚

he shang

牧師

mu shi

工具

gong ju

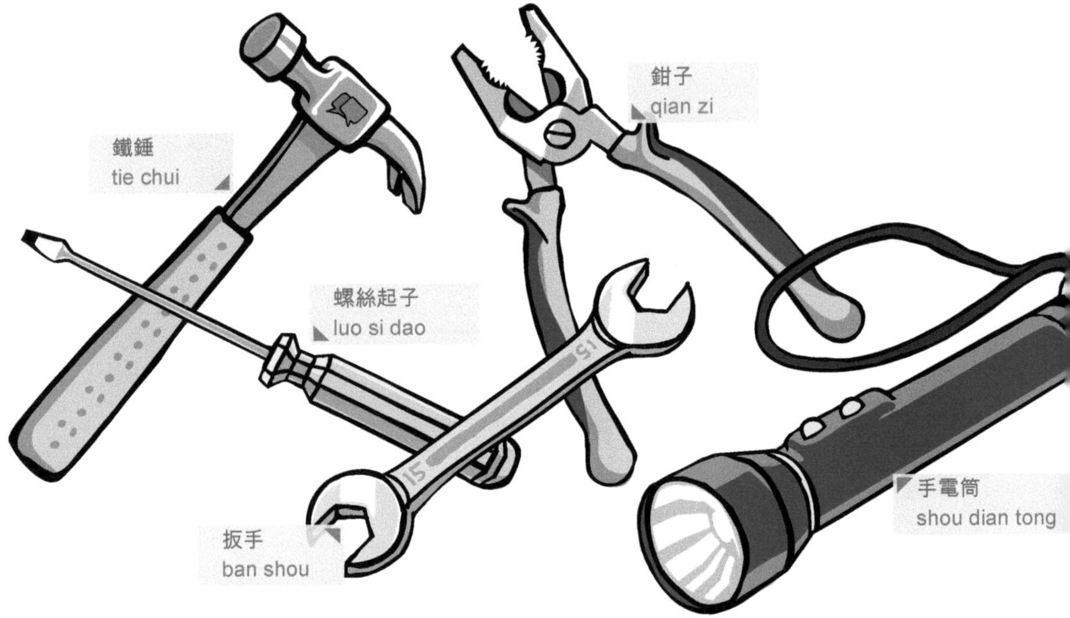

鐵錘
tie chui

鉗子
qian zi

螺絲起子
luo si dao

扳手
ban shou

手電筒
shou dian tong

挖掘機

wa jue ji

工具箱

gong ju xiang

梯子

ti zi

鋸子

ju zi

釘子

ding zi

鑽機

zuan ji

修
....
xiu

鏟子
....
chan zi

糟糕！
....
kao!

畚箕
....
bo ji

油漆桶
....
you qi tong

螺絲
....
luo si

樂器
yue qi

揚聲器
yang sheng qi

打擊樂器
da ji yue qi

低音提琴
di yin ti qin

小號
xiao hao

吉他
ji ta

鋼琴

gang qin

小提琴

xiao ti qin

貝斯

bei si

定音鼓

ding yin gu

鼓

gu

電子琴

dian zi qin

薩克斯風

sa ke si guan

長笛

chang di

麥克風

mai ke feng

動物園

dong wu yuan

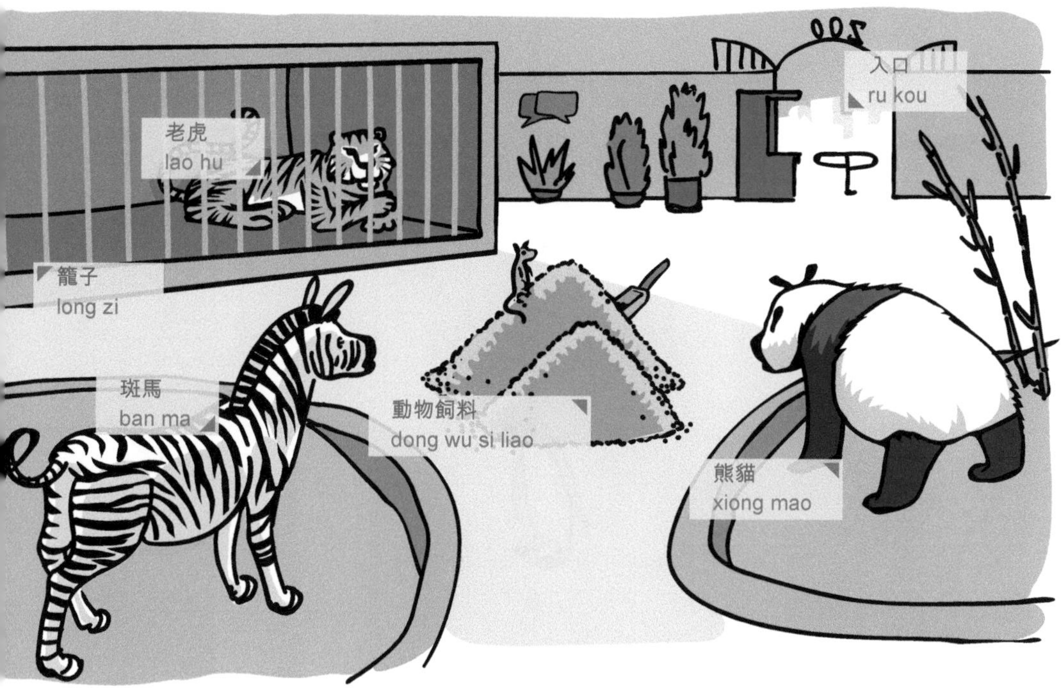

入口
ru kou
老虎
lao hu
籠子
long zi
斑馬
ban ma
動物飼料
dong wu si liao
熊貓
xiong mao

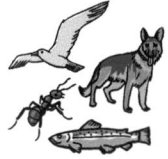

動物

dong wu

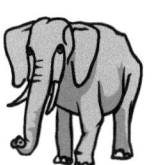

大象

da xiang

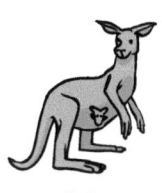

袋鼠

dai shu

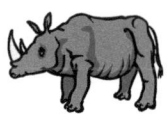

犀牛

xi niu

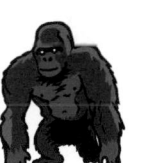

大猩猩

da xing xing

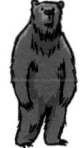

熊

xiong

駱駝

luo tuo

鴕鳥

tuo niao

獅子

shi zi

猴子

hou zi

紅鶴

huo lie niao

鸚鵡

ying wu

北極熊

bei ji xiong

企鵝

qi e

鯊魚

sha yu

孔雀

kong que

蛇

she

鱷魚

e yu

動物園管理員

dong wu yuan guan li yuan

海豹

hai bao

美洲豹

mei zhou bao

矮種馬

ai zhong ma

豹

bao

河馬

he ma

長頸鹿

chang jing lu

老鷹

lao ying

野豬

ye zhu

魚

yu

龜

gui

海象

hai xiang

狐狸

hu li

羚羊

ling yang

動物園 - dong wu yuan

橄欖球
gan lan qiu

騎腳踏車
qi zi xing che

網球
wang qiu

籃球
lan qiu

游泳
you yong

冰球
bing qiu

拳擊
quan ji

美式足球
ying shi zu qiu

羽毛球
yu mao qiu

田徑
tian jing

手球
shou qiu

滑雪
hua xue

馬球
ma qiu

跳
tiao

笑
xiao

擁抱
yong bao

走路
zou lu

唱
chang

做夢
zuo meng

祈禱
qi dao

親吻
qin wen

書寫
shu xie

畫
hua

展示
zhan shi

推
tui

給
gei

拿
na

有
you

做
zuo

當
dang

站
zhan

跑
pao

拉
la

丟
reng

摔倒
shuai dao

躺
tang

等待
deng dai

攜帶
xie dai

坐
zuo

穿衣
chuan yi

睡覺
shui jiao

醒來
xing lai

看
kan

哭
ku

撫摸
fu mo

梳頭
shu tou

交談
jiao tan

明白
ming bai

問
wen

聽
ting

喝
he

吃
chi

清理
qing li

愛
ai

做飯
zuo fan

開車
kai che

飛
fei

航行

hang xing

計算

ji suan

讀

du

學習

xue xi

工作

gong zuo

結婚

jie hun

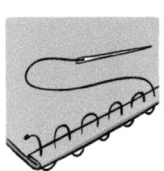

縫

feng

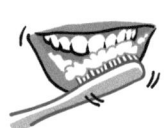

刷牙

shua ya

殺

sha

抽菸

chou yan

寄

ji

祖母
zu mu

祖父
zu fu

父親
fu qin

母親
mu qin

嬰兒
ying tong

女兒
nü er

兒子
er zi

客人
ke ren

阿姨
a yi

叔叔
shu shu

兄弟
xiong di

姐妹
jie mei

身體
shen ti

前額
qian e
眼睛
yan jing
肩膀
jian bang
手指
shou zhi
臉
lian
下巴
xia ba
手
shou
腿
tui
乳房
ru fang
手臂
shou bi

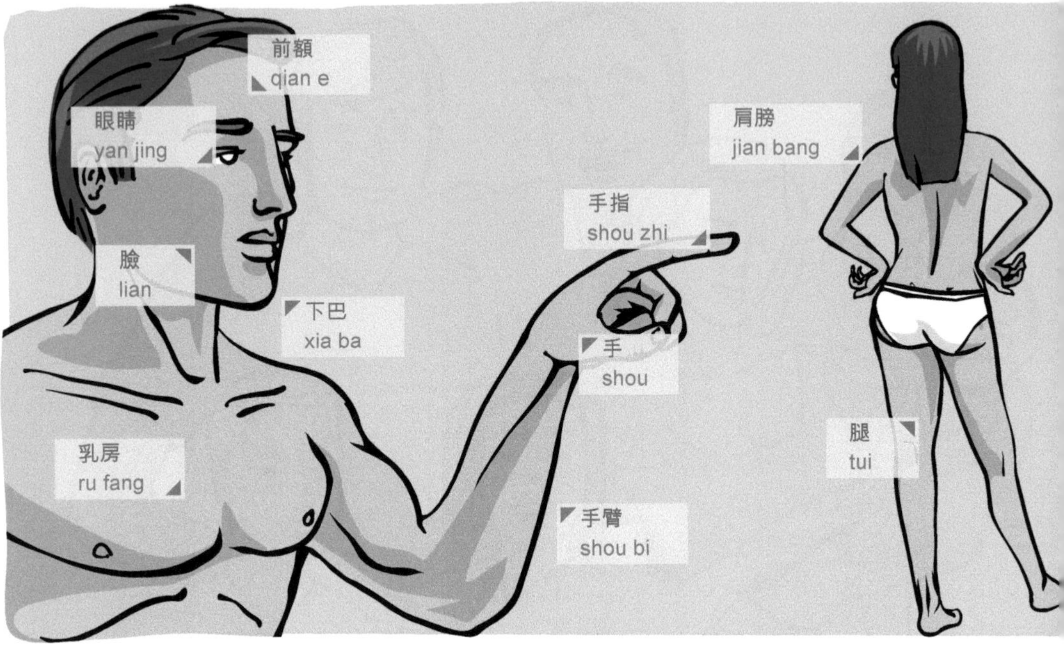

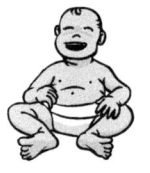

嬰兒

ying tong

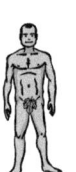

男人

nan ren

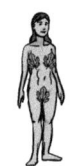

女人

nü ren

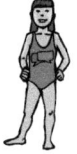

女孩

nü hai

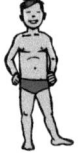

男孩

nan hai

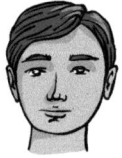

頭

tou

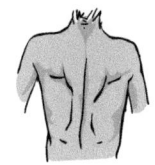

背部

bei bu

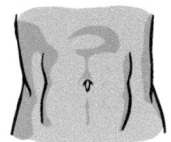

肚子

du zi

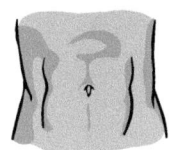

肚臍

du qi

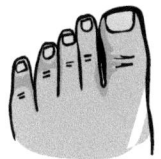

腳趾

jiao zhi

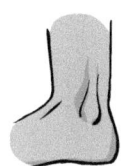

腳後跟

jiao hou gen

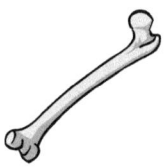

骨頭

gu tou

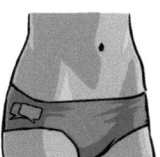

臀部

tun bu

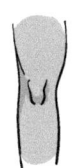

膝蓋

xi gai

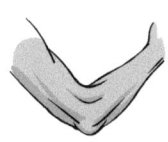

手肘

shou zhou

鼻子

bi zi

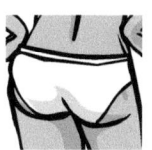

屁股

pi gu

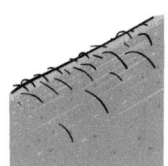

皮膚

pi fu

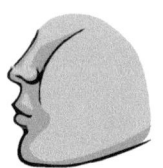

臉頰

lian jia

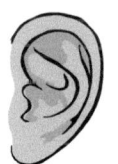

耳朵

er duo

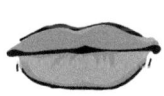

嘴唇

zui chun

身體 - shen ti

嘴

zui

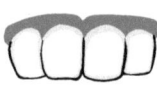

牙齒

ya chi

舌頭

she tou

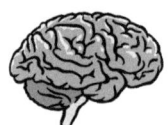

腦

nao

心臟

xin zang

肌肉

ji rou

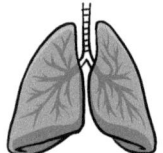

肺

fei

肝臟

gan zang

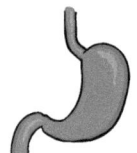

胃

wei

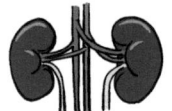

腎臟

shen zang

性交

xing jiao

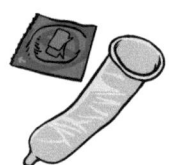

保險套

bi yun tao

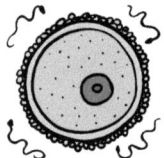

卵子

luan zi

精子

jing zi

懷孕

huai yun

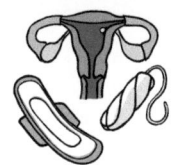

月事

yue jing

陰道

yin dao

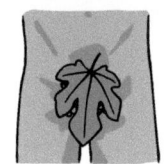

陰莖

yin jing

眉毛

mei mao

頭髮

tou fa

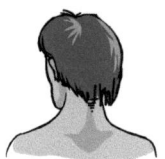

脖子

bo zi

醫院

yi yuan

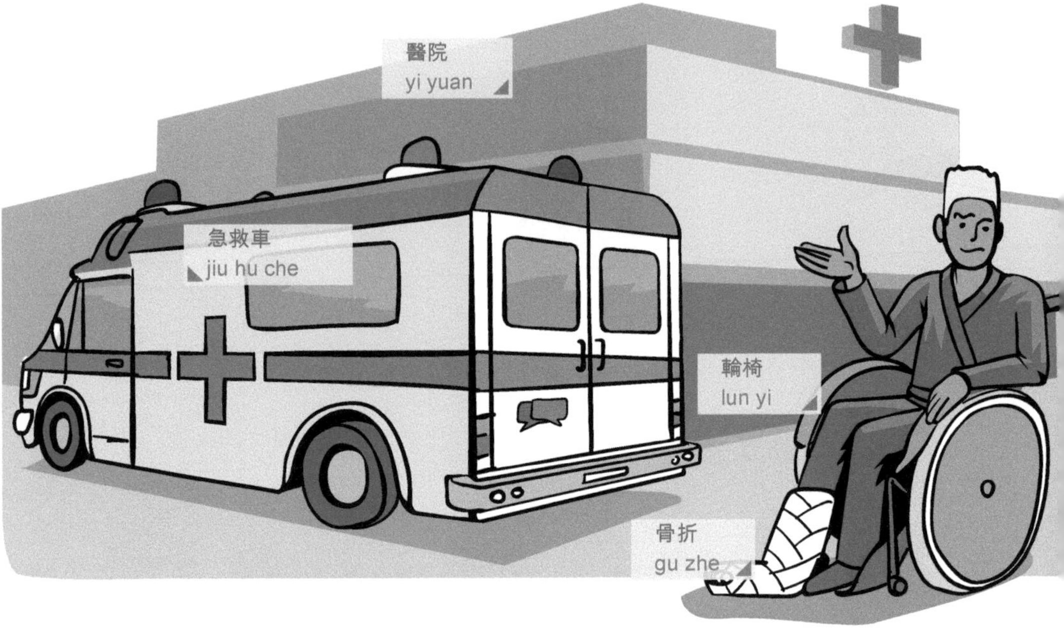

醫院
yi yuan
急救車
jiu hu che
輪椅
lun yi
骨折
gu zhe

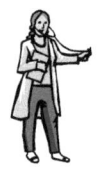

醫師

yi sheng

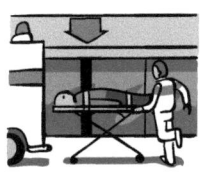

急診室

ji zhen shi

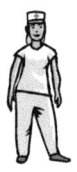

護理師

hu shi

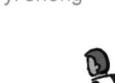

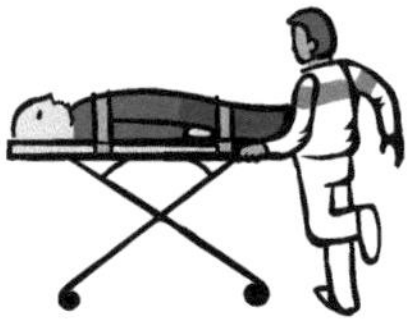

緊急情形

jin ji qing kuang

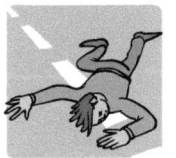

昏迷

hun mi

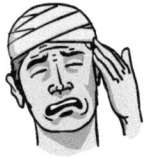

痛

tong

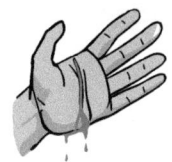

受傷

shou shang

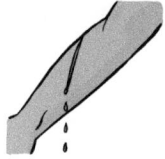

出血

chu xue

心臟病發作

xin zang bing fa zuo

中風

zhong feng

過敏

guo min

咳嗽

ke sou

發燒

fa shao

流感

liu gan

腹瀉

fu xie

頭痛

tou tong

癌症

ai zheng

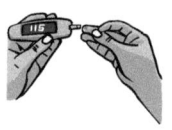

糖尿病

tang niao bing

外科醫師

wai ke yi sheng

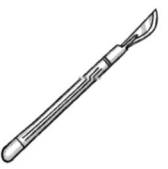

手術刀

shou shu dao

手術

shou shu

電腦斷層掃描
CT

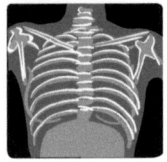

X光
X guang

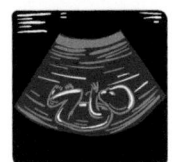

超音波
chao sheng bo

口罩
kou zhao

疾病
ji bing

候診室
hou zhen shi

拐杖
guai zhang

石膏
shi gao

繃帶
beng dai

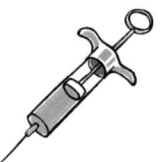

注射
zhu she

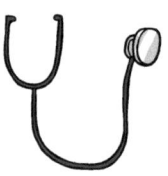

聽診器
ting zhen qi

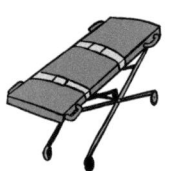

擔架
dan jia

體溫計
ti wen ji

出生
chu sheng

超重
chao zhong

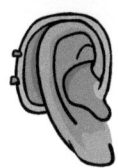

助聽器

zhu ting qi

消毒液

xiao du ye

感染

gan ran

病毒

bing du

愛滋病

ai zi bing

藥物

yao wu

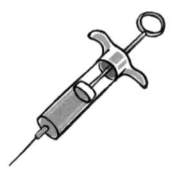

接種疫苗

jie zhong yi miao

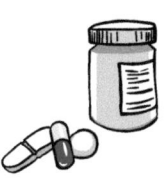

藥片

yao pian

藥丸

yao wan

急救電話

ji jiu dian hua

血壓計

xue ya ji

生病/健康

sheng bing/jian kang

救命！
jiu ming!

警報
jing bao

突擊
tu ji

攻擊
gong ji

危險
wei xian

緊急出口
jin ji chu kou

失火了！
zhao huo la!

滅火器
mie huo qi

意外
yi wai

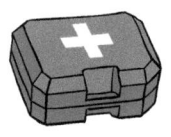
急救箱
ji jiu xiang

呼救訊號
hu jiu xin hao

員警
jing cha

歐洲

ou zhou

北美洲

bei mei zhou

南美洲

nan mei zhou

非洲

fei zhou

亞洲

ya zhou

澳洲

ao zhou

大西洋

da xi yang

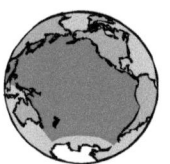

太平洋

tai ping yang

印度洋

yin du yang

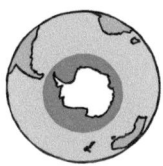

南冰洋

nan bing yang

北冰洋

bei bing yang

北極

bei ji

南極
nan ji

南極洲
nan ji zhou

地球
di qiu

陸地
lu di

海
hai

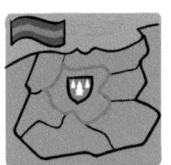

島
dao

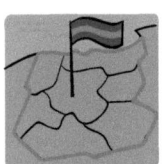

國家
guo jia

州
guo jia

錶盤

zhong mian

時針

shi zhen

分針

fen zhen

秒針

miao zhen

現在幾點？

xian zai ji dian?

天

tian

時間

shi jian

現在

xian zai

電子錶

dian zi biao

分

fen

時

shi

週

zhou

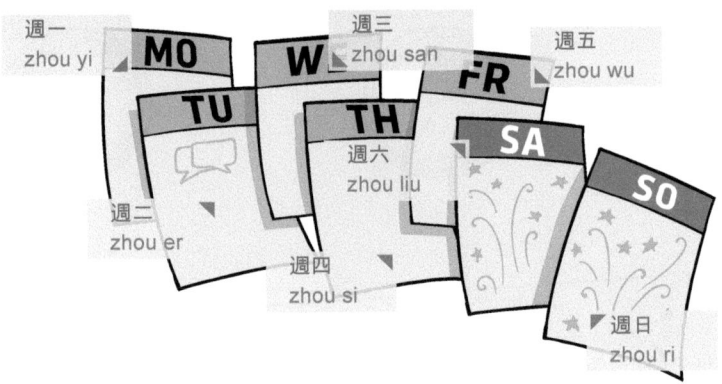

週一
zhou yi

週三
zhou san

週五
zhou wu

週二
zhou er

週六
zhou liu

週四
zhou si

週日
zhou ri

昨天

zuo tian

今天

jin tian

明天

ming tian

早晨

zao chen

中午

zhong wu

晚上

wan shang

工作日

gong zuo ri

週末

zhou mo

彩虹
cai hong

雨
yu

風
feng

雪
xue

春
chun

秋
qiu

夏
xia

冬
dong

天氣預告
tian qi yu bao

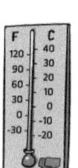

溫度計
wen du ji

陽光
yang guang

雲
yun

霧
wu

潮濕
chao shi

閃電

shan dian

打雷

da lei

風暴

feng bao

冰雹

bing bao

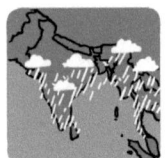

季風

ji feng

洪水

hong shui

冰

bing

一月

yi yue

二月

er yue

三月

san yue

四月

si yue

五月

wu yue

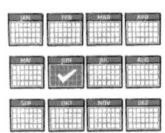

六月

liu yue

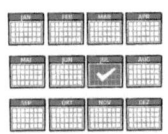

七月

qi yue

八月

ba yue

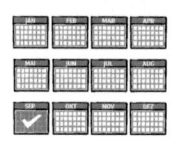

九月

jiu yue

十月

shi yue

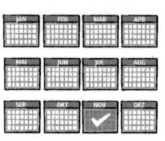

十一月

shi yi yue

十二月

shi er yue

形狀

xing zhuang

圓形

yuan xing

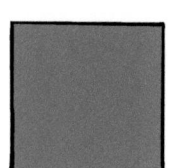

正方形

zheng fang xing

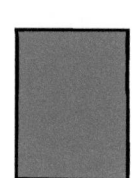

長方形

chang fang xing

三角形

san jiao xing

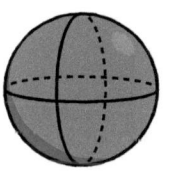

球體

qiu ti

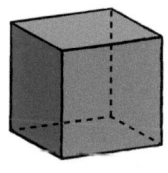

立方體

li fang ti

白

bai

黃

huang

橙

cheng

粉

fen

紅

hong

紫

zi

藍

lan

綠

lü

棕

zong

灰

hui

黑

hei

很多/少許

hen duo/shao xu

生氣/平靜

sheng qi/ping jing

美/醜

mei/chou

首/尾

shou/wei

大/小

da/xiao

明/暗

ming/an

兄弟/姐妹

xiong di/jie mei

乾淨/骯髒

gan jing/ang zang

完整/缺失

wan zheng/que shi

白天/晚上

bai tian/wan shang

死/生

si/sheng

寬/窄

kuan/zhai

可食用/非食用

ke shi yong/fei shi yong

邪惡/善良

xie e/shan liang

興奮/無聊

xing fen/wu liao

胖/瘦

pang/shou

第一/最後

di yi/zui hou

朋友/敵人

peng you/di ren

滿/空

man/kong

硬/軟

ying/ruan

重/輕

zhong/qing

餓/渴

e/ke

生病/健康

sheng bing/jian kang

非法/合法

fei fa/he fa

聰明/愚笨

cong ming/yu ben

左/右

zuo/you

近/遠

jin/yuan

新/舊
xin/jiu

沒有/有些
mei you/you xie

老/幼
lao/you

開/關
kai/guan

打開/闔上
da kai/he shang

安靜/吵鬧
an jing/chao nao

富/窮
fu/qiong

對/錯
dui/cuo

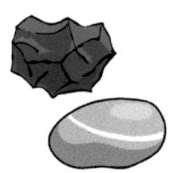

粗糙/光滑
cu cao/guang hua

傷心/高興
shang xin/gao xing

短/長
duan/chang

慢/快
man/kuai

濕/乾
shi/gan

溫暖/涼爽
wen nuan/liang shuang

戰爭/和平
zhan zheng/he ping

反義詞 - fan yi ci

0

零
....

ling

1

一
....

yi

2

二
....

er

3

三
....

san

4

四
....

si

5

五
....

wu

6

六
....

liu

7

七
....

qi

8

八
....

ba

9

九
....

jiu

10

十
....

shi

11

十一
....

shi yi

12
十二
shi er

13
十三
shi san

14
十四
shi si

15
十五
shi wu

16
十六
shi liu

17
十七
shi qi

18
十八
shi ba

19
十九
shi jiu

20
二十
er shi

100
百
bai

1.000
千
qian

1.000.000
百萬
bai wan

英語

ying yu

美式英語

mei shi ying yu

普通話

pu tong hua

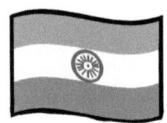

印地語

yin di yu

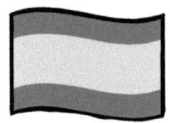

西班牙語

xi ban ya yu

法語

fa yu

阿拉伯語

a la bo yu

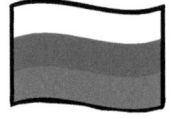

俄語

e yu

葡萄牙語

pu tao ya yu

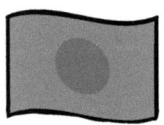

孟加拉語

feng jia la yu

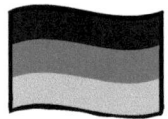

德語

de yu

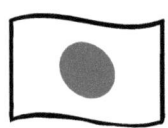

日語

ri yu

我

wo

你

ni

他/她/它

ta/ta/ta

我們

wo men

你們

ni men

他們

ta men

誰？

shei?

什麼？

shen me?

如何？

zen yang?

何處？

na li?

何時？

shen me shi hou?

名字

ming zi

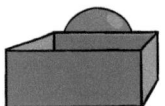

後面

hou mian

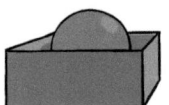

裡面

li mian

前面

qian mian

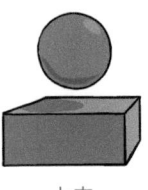

上方

shang fang

上面

shang mian

下麵

xia mian

旁邊

pang bian

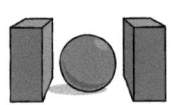

中間

zhong jian

地點

di dian